《李煜与花间词》

◎ 主编 金开诚

◎ 编著 王 欢

吉林出版集团有限责任公司

吉林文史出版社

图书在版编目（CIP）数据

李煜与《花间词》/ 王欢编著 . 一长春：吉林出
版集团有限责任公司：吉林文史出版社，2010.11（2022.1重印）
ISBN 978-7-5463-4156-9

Ⅰ.①李… Ⅱ.①王… Ⅲ.①李煜（937～978）–传
记–通俗读物②李煜（937～978）–词（文学）–文学欣
赏–通俗读物 Ⅳ.① K827=432 ② I207.23-49

中国版本图书馆 CIP 数据核字（2010）第 222298 号

李煜与《花间词》

LIYU YU HUAJIANCI

主编/ 金开诚 编著/王 欢

项目负责/崔博华 责任编辑/崔博华 钟 杉

责任校对/钟 杉 装帧设计/李岩冰 董晓丽

出版发行/吉林文史出版社 吉林出版集团有限责任公司

地址/长春市人民大街4646号 邮编/130021

电话/0431–86037503 传真/0431–86037589

印刷/三河市金兆印刷装订有限公司

版次/2010 年 11 月第 1 版 2022 年 1 月第 6 次印刷

开本/640mm×920mm 1/16

印张/9 字数/30千

书号/ISBN 978-7-5463-4156-9

定价/34.80元

前　言

　　文化是一种社会现象，是人类物质文明和精神文明有机融合的产物；同时又是一种历史现象，是社会的历史沉积。当今世界，随着经济全球化进程的加快，人们也越来越重视本民族的文化。我们只有加强对本民族文化的继承和创新，才能更好地弘扬民族精神，增强民族凝聚力。历史经验告诉我们，任何一个民族要想屹立于世界民族之林，必须具有自尊、自信、自强的民族意识。文化是维系一个民族生存和发展的强大动力。一个民族的存在依赖文化，文化的解体就是一个民族的消亡。

　　随着我国综合国力的日益强大，广大民众对重塑民族自尊心和自豪感的愿望日益迫切。作为民族大家庭中的一员，将源远流长、博大精深的中国文化继承并传播给广大群众，特别是青年一代，是我们出版人义不容辞的责任。

　　本套丛书是由吉林文史出版社和吉林出版集团有限责任公司组织国内知名专家学者编写的一套旨在传播中华五千年优秀传统文化，提高全民文化修养的大型知识读本。该书在深入挖掘和整理中华优秀传统文化成果的同时，结合社会发展，注入了时代精神。书中优美生动的文字、简明通俗的语言、图文并茂的形式，把中国文化中的物态文化、制度文化、行为文化、精神文化等知识要点全面展示给读者。点点滴滴的文化知识仿佛颗颗繁星，组成了灿烂辉煌的中国文化的天穹。

　　希望本书能为弘扬中华五千年优秀传统文化、增强各民族团结、构建社会主义和谐社会尽一份绵薄之力，也坚信我们的中华民族一定能够早日实现伟大复兴！

目录

一、一代风流君不二，
多情才子薄命王

（一）生逢乱世

李煜（937—978年），字重光，曾用名从嘉，号钟隐、莲峰居士，江苏金陵（今江苏南京）人。

李煜是南唐中主李璟的第六个儿子，也是五代十国时期南唐的最后一位皇帝。因南唐只经历过三个皇帝，所以人们常将南唐第一个皇帝、即李煜的祖父李昇称为先主；将李煜的父亲李璟称为中主；而李煜则被称为后主。从战功和政绩来看，三人相比，李昇的战功和政绩最高，他曾率领臣民横扫疆场，打下了南唐的半壁江山。正因为他为南唐的疆域打下了坚实的基础，才使得南唐得以偏安一隅半个世纪。一个政权能在乱世中存在这么长时间，实属不易。然而，在中国历史上，我们可以找出很多像李昇这样的武将，政绩和武功都在他之上的，也大有人在。但要在中国文学史上，要找出像李煜这样的奇才，可就不那么容易了。李煜不仅奏响了两宋词坛的先声，将词这种文学体裁的抒情功能发挥到了极致，而且还改变了以往绮靡的词风，为后世词人"以心写词，以情作词"开了先河，这绝不是随随便便哪位词人就可以做到的。

　　李煜及其祖父、父亲生活的年代是中国历史上从统一走向分裂，再从分裂走向统一的大交错、大融合时期。在中国历史上，这样的时期只有两个，一个是魏

晋南北朝时期，一个就是五代十国时期。刀光剑影、群雄逐鹿、腥风血雨、人人自危是五代十国时期的政治特征。"天子宁有种乎，兵强马壮者为之尔"成了各路豪强抢夺地盘和称王称霸的理由。研究历史的人都知道，自东汉以来，地方豪强势力一直在威胁着中央集权的统治，唐朝的灭亡就是由这种势力导致的。最终，这种势力也导致了五代十国时期的群雄并起。李煜就是在这种社会历史背景下出

生并成长起来的。他所执政的南唐只是五代十国当中的一个政权，当时豪强并起、弱肉强食的局势决定了这位天性软弱的君王百味杂陈的一生。

李煜出生于南唐升元元年（937年）乞巧节黄昏时分。乞巧节是中华民族的一个传统节日，也就是农历的七月初七。传说中乞巧节是牛郎和织女相会的日子。李煜在这一天降生，又为他的人生抹上了一笔浪漫的色彩。之后的很多事实证明，李煜的一生确实风流多情、不乏浪漫。

据说李煜出生时，其父李璟正在书房里挑灯夜读，突然传来一阵急促的敲门声。侍女来报："恭喜王爷又得贵子！夫人请您赐名。"李璟新得一子，抑制不住内心的喜悦，在书

案前踱步。他希望此儿能终身幸福，事事从愿，因而赐名"从嘉"。李煜天资聪颖，加之从小便喜欢舞文弄墨，因此颇得李璟的喜爱，但这也招致了其他兄长的妒忌。光阴荏苒，斗转星移。就在李煜7岁那年（943年），先主李昇病逝，李煜的父亲李璟继承了皇位。水涨船高，李煜一下子由"王子"变成了"皇子"。字面上虽仅有一字之差，但前后的政治地位却有天壤之别。然而，令李煜万万没有想到的是，这种政治地位的改变最终却演变为一幕李氏家族骨肉相残的惨剧。

在封建时代，皇位的争夺历来残酷激烈——那高高在上的一把龙椅，常引得手足相残、父子反目。唐初，秦王李世民血染玄武门，先杀了长兄和弟弟，再威逼父皇退位，在这场宫廷政变中登上了皇位；武则天为皇后时，也曾因为权力之争，先后杀害了自己的两个亲生儿子……历朝历代都在不停地上演着骨肉相残的

悲剧，历史上从来都不乏这样的例子。

李璟本有六个儿子，李煜是第六子。但李璟的二子、三子、四子、五子均早亡，实际上，李璟只剩下了长子李弘冀和幼子李煜两个儿子。原本李璟欲立长子弘冀为太子继承皇位，但怎奈弘冀天性暴戾，为人狡诈多疑，残忍又薄情，因此颇不得父亲宠爱。而李煜却聪明好学，为人至孝，很和李璟的心意。为此，李弘冀对李煜一直心存不满，早有意加害，但这个弟弟只喜好游山玩水，从不过问政事，所以李弘冀也没抓住李煜的什么把柄。

　　由于李弘冀的性情和李璟大相径庭，最终，李璟暗下决心，要将帝位传给自己的弟弟晋王李景遂。由于中国历史上曾经有过"兄终弟及"的先例，李璟的这个决定似乎也合情合理。李弘冀得知这一消息后，火冒三丈，他怎能眼睁睁地看着到手的帝位旁落他人？为了权力、为了地位，他决定铤而走险，杀掉叔父，独揽大权。经过一番策划之后，他终于得逞。李璟虽然痛恨儿子如此狠心，但木已成舟，他也无力回天。正在李璟要将大权交到李弘冀手上时，李弘冀却离奇身死，只比叔叔晚走了几个月。叔叔惨死、长兄离世，最终，南唐的烂摊子便阴差阳错地落到李煜柔弱的肩膀上。其实李煜一直无心做皇帝，他自幼就对军国大事退避三舍，视功名利禄为身外之物。他曾赋诗一首，以表达自己渴望摆脱尘世间纷纷扰扰的心愿，此诗便是《秋莺》：

　　残莺何事不知秋，横过幽林尚独游。

嫩绿百层倾耳听，深黄一点入烟流。

栖迟背世同悲鲁，浏亮如笙碎在缑。

莫更留连好归去，露华凄冷蓼花愁。

李煜在诗中憧憬可终日与群山为伴，摆脱尘世间的一切烦恼的怡然自得的田园生活。为此，他还曾为自己的好友卫贤（时任供奉，长于书画）《春江钓叟图》题词，以表达自己隐居山林、乐得逍遥的意愿，词中这样写道：

浪花有意千重雪，桃李无言一队春。

一壶酒，一竿纶，世上如侬有几人。

一棹春风一叶舟，一纶茧缕一轻钩。

花满渚，酒满瓯，万顷波中得自由。

"远慕伯夷叔齐之高义"才是李煜的人生理想，什么皇位、权势，李煜统统不放在眼里。他只想将自己的生命之舟推向那五光十色的文学海洋，只有在那里，他才能寻觅到人生的安宁与静谧。在这份安宁和静谧中，他得到了前所未有的欢畅和自由。内心的忧虑和恐慌，被诗词璀璨的光芒驱赶得烟消云散。这种文化的光芒，凝聚成了一股空前巨大的力量，吸引着这位才华横溢又勤奋好学的年轻皇子，使他在茫茫人海中终于寻觅到了属于自己的精神家园。于是，他如饥似渴又夜以继日地徜徉在多彩的文学天地中汲取营养，流连忘返。他多么希望自己永远过这种与世无争的生活，但命运却偏偏不让这位年轻的皇子乐得清闲——谁让他生在帝王之家呢？历史的责任是推卸不掉的，他只有无条件地接受。

（二）天赐良缘

在李煜登上皇位的七年前，也就是公元954年，他迎来了生命当中的第一次爱情。他与南唐老臣周宗的长女，19岁的娥皇喜结良缘，从此花前月下、红烛为伴，红袖添香、才子佳人共处一室，温馨幸福之情溢于言表。李煜与娥皇，一位是才华横溢的青年才俊，一位是才貌双

全的大家闺秀，两人可称得上是最理想的伴侣和知音。相同的志趣和追求使他们产生了炽烈而又深沉的爱情，他们心有灵犀、两情相悦。两人的婚姻乃是天作之合。

传说娥皇花容月貌，其神采可与大画家顾恺之笔下的"洛神"相提并论。那真是冰清玉洁，如出水芙蓉般"淡妆浓抹总相宜"，如此美丽的娥皇怎能不令李煜怦然心动？而李煜青春多情、才华横溢，也深深地吸引着年轻的娥皇。二人婚后如胶似漆、恩爱无比。二人的温存与挚爱令李煜的胸中燃起了熊熊的创作欲望，在与娥皇相伴期间，李煜佳作频传，其中《谢新恩》便是描绘与娥皇之间浓浓爱意的一首词：

樱花落尽阶前月，象床愁倚薰笼。远似去年今日去还同。

双鬟不争云憔悴，泪沾红抹胸。何处相思苦，纱窗醉梦中。

此词描绘了李煜远在他乡不能返回家中，娥皇独守空房，日夜思念李煜的情景。可见二人在感情上难舍难分，即使很短暂的分离也会令双方饱受相思之苦。为此，李煜又创作了《长相思》：

一重山，两重山，山远天高烟水寒，相思枫叶丹。

菊花开，菊花残，塞雁高飞人未还，一帘风月闲。

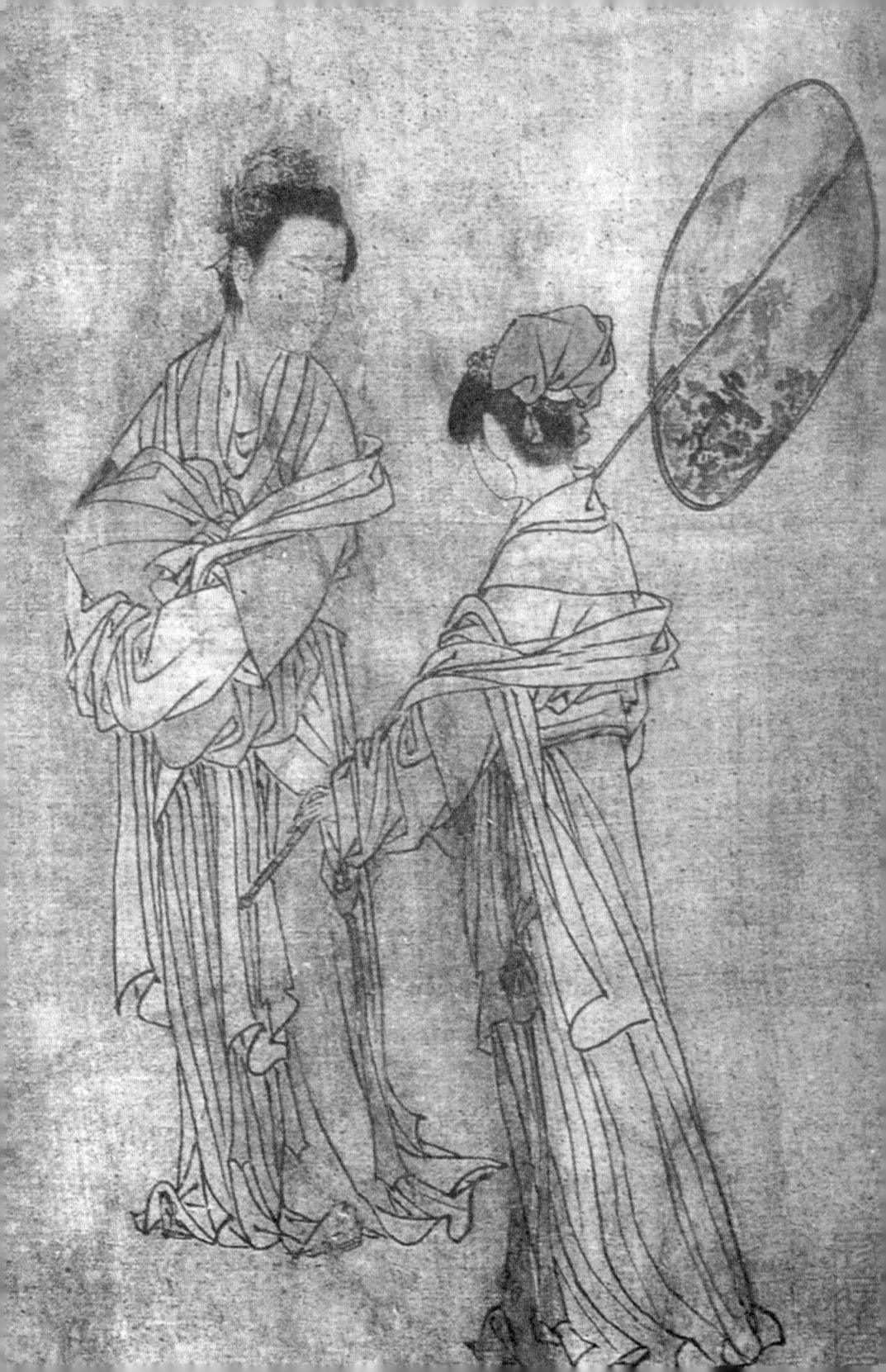

　　与娥皇之间的婚姻，不仅给李煜带来了甜蜜的生活，也为他的学业带来了生机。出生在书香世家、富贵门庭的娥皇自幼蒙名师指点，早在闺阁中就已经精通文墨，除了熟读经史子集外，还擅长诗词歌赋、琴棋书画。更让李煜钦佩的是，娥皇弹得一手好琵琶，相传建隆三年（962年），李煜得到了失传已久的《霓裳羽衣曲》旧谱。《霓裳羽衣曲》本是西凉乐曲，原曲早已不知去向。唐开元年间，此曲传入宫中。玄宗皇帝也是一个业余音乐爱好者，他获得此曲后亲手润色并将它变成了唐代的宫廷音乐。唐末战乱，玄宗的佳作早已遗失，后主得到的恐怕只是粗概之作。

然而，对深谙音律、酷爱音乐的李煜来说，得此《霓裳羽衣曲》简直是如获至宝。但此曲毕竟是残本，不可能演奏出李煜心中理想的音乐来。李煜为此郁

郁寡欢、茶饭不思。娥皇看出了李煜的心意，为了实现李煜的愿望，她亲自动手，凭着自己对音乐的理解，对残本加以修整完善。正所谓"转轴拨弦三两声，未成曲调先有情"。经过娥皇的润色和调整后，《霓裳羽衣曲》重现了音乐的魅力。为了让李煜深谙此曲之美，娥皇亲手为李煜演奏。那曲调真是清新激越，时而如小桥流水，时而如大河奔涌，美妙动听得令李煜如痴如醉！经娥皇修改之后，这首《霓裳羽衣曲》很快在南唐流传开来。

据传，当时有一位叫韩熙载的大臣，家中无斗米之储，却养了一班乐伎，目的就是在闲暇之时演奏《霓裳羽衣曲》，以为娱乐。可见，娥皇的《霓裳羽衣曲》在当时受欢迎的程度。为此，李煜有《玉楼春》词一首，称赞这一乐曲：

晚妆初了明肌雪。春殿嫔娥鱼贯列。笙箫吹断水云开，重按霓裳歌遍彻。

临风谁更飘香屑？醉拍栏杆情味切。归时休放烛花红，待踏马蹄清夜月。

《霓裳羽衣曲》演奏得天衣无缝。可见，娥皇的琵琶技艺在当时堪称一绝。

娥皇和李煜恩恩爱爱地共同生活了整整十年。在历史浩渺的星空中，十年不过是短暂的一瞬，但对李煜和娥皇来说，这却是足以令他们回味终生的十年。

不知不觉中，李煜已经是两个孩子的父亲了：长子仲寓天资聪颖，次子仲宣可爱至极，兄弟二人都是李煜夫妇的掌上明珠。

公元961年，发生了一件影响李煜终身命运的大事。命运之神强迫这位视功名利禄如粪土的风流皇子，不得不坐上令很多人都梦寐以求的龙椅，这真是"有心栽花花不发，无心插柳柳成荫"。由于几位兄长的相继早逝，李煜不得不"顺天意"登基，成了主宰南唐臣民未来命运的

"乱世之君"。娥皇也顺理成章地成了后宫的主人。他们的儿子仲寓、仲宣则成了南唐未来的希望，李煜继位后分别封他们为清源郡公和宣城郡公。夫妻二人望子成龙，恨不能将所有的宠爱和毕生所学都倾注在两个孩子身上，教之，爱之，护之，一家人其乐融融、幸福无比。

怎奈造化弄人，好景难长，就在次子仲宣4岁那年，娥皇突然一病不起，久治不愈。李煜衣不解带地照顾妻子，娥皇的病情却并未因此而好转，反而日益加重，她往日的风姿早已消失殆尽，情绪也日益恶化。长此以往，李煜也被折磨得心力交瘁。就在李煜伤心无助、渴望关怀之时，一个风情万种的女子闯入了李煜的生活，此人不是别人，正是娥皇的同胞妹妹。她后来也被李煜册立为国后，史称"小周后"。

小周后比娥皇小14岁。当娥皇与李煜婚配之时，她还是不满5岁的孩子。仅仅十年光景，她就出落得亭亭玉立、落落大方。因其自幼俊俏聪颖，颇受李煜的母亲圣尊太后的喜爱，从小就被召至深宫，陪伴在圣尊太后的左右。小周后性情天真烂漫，因此在宫中人缘颇好，深受众人的喜爱。随着年龄的增长，李煜对她的感

情也发生了变化。在大周后病重、李煜感情世界极度空虚之时，小周后悄悄地走进了李煜的生活，她的善解人意和温柔可人给苦闷的李煜带去了一缕明媚的阳光。随着交往的不断深入，两人感情迅速升温。这一切被正在病中的大周后敏感地觉察到了，而这无疑又加重了她的痛苦。

恰在此时，李煜和娥皇的爱子仲宣又不幸夭折，这无疑是雪上加霜，爱子如命的娥皇怎能经得起这双重的打击？她的病情随即恶化，没过多久便溘然长逝，

年仅29岁。

娥皇死后，李煜痛心疾首，写下长达两千字的悼亡之词，追忆了他与娥皇之间温馨甜蜜的爱情生活和长达十年相亲相爱的难忘岁月，可谓字字血泪、情真意切：

天长地久，嗟嗟蒸民。嗜欲既胜，悲欢纠纷。缘情攸宅，触事来津。赀盈世逸，乐尠愁殷。沉乌逞兔，茂夏凋春。年弥念旷，得故忘新。阙景颓岸，世阅川奔。外物交感，犹伤昔人。诡梦高唐，诞夸洛浦，构屈平虚，亦悯终古。况我心摧，兴衰有地。苍苍何辜，歼予伉俪？窈窕难追，不禄于世。玉泣珠融，殒然破碎。柔仪俊德，孤映鲜双，纤秾挺秀，婉娈开扬。艳不至冶，慧或无伤。盘绅奚戒，慎肃惟常。环佩爰节，造次有章。会韠发笑，擢秀腾芳。鬓云留鉴，眼彩飞光。情漾春媚，爱语风香。瑰姿禀异，金冶昭祥。婉容无犯，均教多方。茫茫独逝。舍我何乡？昔我新婚，燕尔情好。媒无劳辞，筮无违报。归妹邀终，咸爻协兆。俯仰同心，绸缪是道。执子之手，与子偕老。今也如何，不终往告？呜呼哀哉，志心既违，孝爱克全。殷勤柔握，力折危言。遗情盼盼，哀泪涟涟。何为忍心，览此哀编。绝艳易凋，连城易脆。实曰能容，壮心是醉。信美堪餐，朝饥是慰。如何一旦，同心旷世？

呜呼哀哉！丰才富艺，女也克肖。采戏传能，奕棋逞妙。媚动占相，歌萦柔调。兹豰爰质，奇器传华。翠虬一举，红袖飞花。情驰天际，思栖云涯。发扬掩抑，纤紧洪奢。穷幽极致，莫得微瑕。审音者仰止，达乐者兴嗟。曲演来迟，破传邀舞，利拨迅手，吟商呈羽。制革常调，法移往度。翦遏繁态，蔼成新矩。霓裳旧曲，韬音沦世，失味齐音，犹伤孔氏。故国遗声，忍乎湮坠。我稽其美，尔扬其秘。程度馀律，重新雅制。非子而谁，诚吾有类。今也则亡，永从遐逝。

呜呼哀哉！
该兹硕美，郁此
芳风，事传遐禩，人难与同。式
瞻虚馆，空寻所踪。追悼良时，心
存目忆。景旭雕甍，风和绣额。
燕燕交音，洋洋接色。蝶乱落
花，雨晴寒食。接挛穷欢，是宴
是息。含桃荐实，昃日流空。
林雕晚箨，莲舞疏红。烟轻丽
服，雪莹修容。纤眉范月，高髻
凌风。辑柔尔颜，何乐靡从？蝉
响吟愁，槐凋落怨。四气穷哀，萃此秋宴。
我心无忧，物莫能乱。弦乐清商，艳尔醉
盼。情如何其，式歌且宴。寒生蕙幄，雪舞
兰堂。珠笼暮卷，金炉夕香。丽尔渥丹，婉
尔清扬。厌厌夜饮，予何尔忘？年去年来，
殊欢逸赏。不足光阴，先怀怅怏。如何倏
然，已为畴曩？

呜呼哀哉！孰谓逝者，荏苒弥疏。我

思妹子，永念犹初。爱而不见，我心毁如。寒暑斯疚，吾宁御诸？

呜呼哀哉！万物无心，风烟若故。惟日惟月，以阴以雨。事则依然，人乎何所？悄悄房栊，孰堪其处？

呜呼哀哉！佳名镇在，望月伤娥。双眸永隔，见镜无波。皇皇望绝，心如之何？暮树苍苍，哀摧无际。历历前欢，多多遗致。丝竹声悄，绮罗香杳。想淡乎忉怛，恍越乎悴憔。呜呼哀哉！岁云暮兮，无相见期。情瞀乱兮，谁将因依！维昔之时兮

亦如此，维今之心兮不如斯。

呜呼哀哉！神之不仁兮，敛怨为德；既取我子兮，又毁我室。镜重轮兮何年，兰袭香兮何日？呜呼哀哉！天漫漫兮愁云曀，空暧暧兮愁烟起。峨眉寂寞兮闭佳城，哀寝悲气兮竟徒尔。

呜呼哀哉！日月有时兮，龟蓍既许，萧笳凄咽兮旐常是举。龙辒一驾兮无来辕，金屋千秋兮永无主。

呜呼哀哉！木交枸兮风索索，鸟相鸣兮飞翼翼。吊孤影兮孰我哀，私自怜兮痛无极。

呜呼哀哉！夜窹皆感兮，何响不哀？穷求弗获兮，此心隳摧。号无声兮何续，神永逝兮长乖。

呜呼哀哉！杳杳香魂，茫茫天步，抆血抚榇，邀子何所？苟云路之可穷，冀传情于方士！呜呼哀哉！

娥皇亡故后，小周后走进了李煜的生活。她的柔情似水、善解人意使李煜走

出了丧偶的阴霾。李煜对她更是恩宠有加。他们的婚礼非常隆重，震惊了整个金陵城。老百姓纷纷走出家门，想一睹小周后的美貌，形成了金陵城内万人空巷的盛况。婚后，李煜还特意命人在花丛建造亭榭楼台，专为自己与小周后畅饮之用。每逢七夕之际，他还命人用红白两色绫罗搭成月宫和银河状，供小周后赏月之用。在二人甜蜜的宫廷生活中，留下了很多脍炙人口的作品，足见二人的柔情蜜意，如这首《菩萨蛮》，便是李煜特地为小周后量身创作的：

蓬莱院闭天台女，画堂昼寝人无语。抛枕翠云光，绣衣闻异香。潜来珠锁动，惊觉银屏梦。慢脸笑盈盈，相看无限情。

李煜与小周后如此沉迷声色、豪侈奢靡，遭到南唐朝臣的讥讽和抨击，但李煜全然不睬，依旧与小周后沉湎于豪奢的宫廷生活之中。李煜沉迷声色也是南唐政权走向末路的一个重要原因。

作为君主，李煜是个失败者，南唐政
权毕竟是在他手中断送的；但作为词人，
他又是个成功者——书香世家，锦衣玉
食，父辈的提携和感染、大小周后的先后
出现都激起了他蓬勃的创作热情，令他
写下了很多不朽的词篇。由于南唐江山
在李煜手中断送，史学家们常称他是"亡
国之君"，但我们不能一味地只认为他是

一位亡国之君，无所作为。而应该把他放在具体的历史背景中去探寻：他天性软弱，不醉心权势之争，只醉心文墨，以真性情还以万世之变，又怎能适应风云瞬息万变的五代十国呢？实在是天性使然、造化弄人，怪只怪南唐气数已尽，而非李煜一人之过。

宋太祖开宝七年（974年），宋兵大举过江，兵临金陵城下，南唐灭亡。从此，世上少了一个无为之君，却多了一个伟大的词人。作为一国之主，李煜乏善可陈；但作为词人，他可称得上是一代宗师、"千古词帝"。世人常把李煜一生的创作分为两个时期，以上介绍的作品多为李煜亡国之前的艳丽之作，而他真正可以彪炳文学史的伤痛凄美之歌，则是亡国之后的作品。

二、兵临城下山河怨，
犬马声色黯然收

（一）苟且偷安

公元961年，李煜于风雨飘摇中登上
了南唐皇帝的宝座。这对既无文韬又无
武略，只会舞文弄墨的他来说，简直是历
史的一个嘲弄。天将降大任于斯人也，生
在帝王之家，他根本就没有选择的权力。
此时的南唐已是穷途末路，国运正值风
雨飘摇之际。而半个多世纪的大浪淘沙
和优胜劣汰，北宋君臣被推到了历史的

风口浪尖，注定要完成这一伟大的历史使命。在这个节骨眼上，莫说是李煜做皇帝，就是他的父亲甚至祖父在世时，也难逃亡国的厄运。统一是大势所趋，而南唐政权又不具有统一四海的实力，于是就只能成为统一的牺牲品了。

后人有诗云："南唐天子多无福，不作词臣作帝王。"以李煜父子在词学史上的造诣，倘是在盛唐或北宋，那一定会自成一家，李氏家族的名望不会逊色于北宋的苏氏家族（即苏洵、苏轼、苏辙，三人均为北宋著名的文学家）。但命运却偏偏让这对父子生在帝王之家，生不逢时，注定了他们的人生悲剧。尤其对李煜来

说，历史将他推到安邦治国、经世济民的
君王宝座上，更是强人所难。这番阴错阳
差的安排，连宋主赵匡胤都为之感叹。李
煜降宋后，赵匡胤曾经说过："李煜如能
用作诗的功夫来治理国家，又怎会沦为
我的阶下囚呢？"

　　李煜继位时，南唐与北宋是宗主国
和属国的关系。宋为主，南唐为辅，因此
李煜继位后常常深感不安，度日如年、如

履薄冰，生怕一不留神便得罪了赵匡胤。

诸葛亮曾经在《出师表》中说自己"苟全性命于乱世"，这种说法用在继位后的李煜身上，再恰当不过了。李煜虽然唯唯诺诺，毫无称霸之心，但还是会引起赵匡胤的不满，他常常咄咄逼人，发难于李煜，而李煜则敢怒而不敢言，唯恐自己一时言语有失，换来赵氏的再次兴师问罪，甚至兵戈相见。在这期间，李煜曾经缮写《即位上宋太祖表》，以表示自己无意逐鹿中

原、与赵氏争天下，只求苟安的心意。此表语词谦恭，书写工整，通篇流露出李煜自甘寄人篱下的情感，全文如下：

臣本于诸子，实愧非才。自出胶庠，心疏利禄。被父兄之荫育，乐日月以优游。思追巢许之余尘，远慕夷齐之高义。既倾恳悃，上告先君，因非虚词，人多知者。徒以伯仲继没，次第推迁。先世谓臣克习义方，既长且嫡，俾司国事，遽易年华。及乎暂赴豫章，留居建业，正储副之位，分监抚之权。惧弗克堪，常深自励。不谓奄丁艰罚，遂玷缵承。因顾肯堂，不敢灭性。

然念先世君临江表，垂二十年，中间务在倦勤，将思释负。臣亡兄文献太子从冀，将从内禅已决宿心。而世宗敦劝既深，议言因息。及陛下显膺帝箓，弥笃睿情，方誓子孙，仰酬临照，则臣向于脱屣，亦匪邀名。既员宗祊，敢忘负荷。惟坚臣节，上奉天朝。若曰稍易初心，辄萌异志，岂独不遵于

祖祢，实当受谴于神明。方主一国之生灵，遐赖九天之覆焘。况陛下怀柔义广，煦妪仁深，必假清光，更逾曩日。远凭帝力，下抚旧邦，克获宴安，得从康泰。

然所虑者，吴越国邻于敝土，近似深雠，犹恐辄向封疆，或生纷扰。臣即自严部曲，终不先有侵渔，免结衅嫌，挠干旒扆。仍虑巧肆如簧之舌，仰成投杼之疑。曲构异端，潜行诡道。愿回鉴烛，显论是非。庶使远臣，得安危恳。

李煜的卑词谦语，并没有换来赵匡胤的宽容。面对北宋的落井下石和步步

紧逼，李煜只能忍气吞声。这期间，赵氏
使出各种招数离间李煜君臣，并孤立南
唐政权。在宋宰相赵普的协助下，赵匡胤
制定了"先南后北"的战争方略，先后制
伏了后蜀、南汉等地，一路捷报频传，矛
头直指南唐。李煜多次修书宋主，声泪俱
下，希望南唐能得以保全，可他的眼泪岂
能软化赵匡胤进军江南、统一天下的虎
狼之心？赵匡胤正是抓住了李煜这个弱
点才软硬兼施、步步紧逼，直逼得李煜

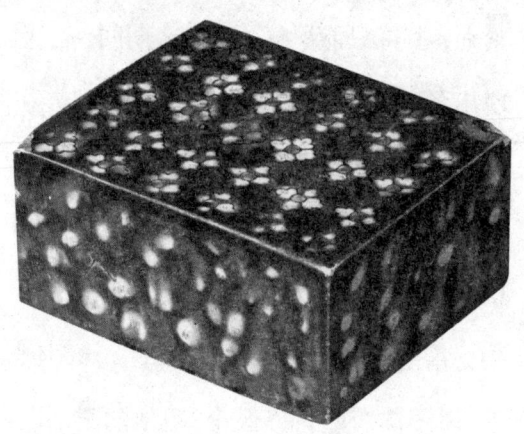

走投无路。随着时间的推移，李煜越来越感觉到亡国之日已为时不远。为了摆脱王朝末日这种"鸦啼影乱天将暮"的恐惧和烦恼，李煜终日借酒浇愁。在那万籁俱寂、残烛当照的漫漫长夜，他有了辛弃疾"酒醉醒来犹未醒"之感。但这种一味逃避的心态不会改变国破家亡的现实命运。那种"山雨欲来风满楼"的恐惧令李煜早生华发，虽正当壮年，却已容颜老去；风流尚有，而风光不足。在这样的长夜，李煜仍然不乏创作的激情，他写出了绝妙好诗《九月十日偶书》：

晚雨秋阴酒乍醒，感时心绪杳难平。

黄花冷落不成艳，红叶飕飗竞鼓声。

背世返能厌俗态，偶缘犹未忘多情。

自从双鬓斑斑白，不学安仁却自惊。

除此之外，还有华彩词章《乌夜啼》：

无言独上西楼，月如钩，寂寞梧桐深院锁清秋。剪不断，理还乱，是离愁，别是一般滋味在心头。

这一时期陪伴在李煜身边的便是他的红颜知己小周后。小周后与李煜可谓患难与共、相濡以沫。她处处以女人特有的柔情和妩媚来宽慰久受国事折磨的李煜，使他感受到爱情的甘冽和甜美，这种柔情让李煜如痴如醉。小周后对李煜的温存和深情，像润物无声的春雨一般滋润着后主受伤的心灵，二人的感情在患难中变得更加深邃，更加坚定。

李煜这种纵情声色、无心国事的行为激起了众多朝臣的不满。他们之中有冒死进谏的刚毅之士，也有忠厚耿直的

先帝旧臣。他们苦口婆心地进谏，李煜非但不听，反而对忠臣痛下杀手，致使很多南唐老臣蒙冤而死。李煜的倒行逆施使南唐的忠臣和正义之士最终与他离心离德。言路阻塞、枉杀忠臣，南唐国势每况愈下，这可乐坏了北宋君臣，他们觉得攻打南唐的时机已然成熟，赵匡胤最终决定举兵向南唐都城金陵进发。早在数年前，就有臣下向李煜进言，让他加强防守，巩固国防，但李煜只当是耳旁风，并

没有采纳忠言。等到宋朝兵马真正兵临城下之时，李煜才领悟到大势已去，但一切都太晚了。

（二）兵临城下

北宋开宝八年（975年）腊月末，宋太祖赵匡胤终于发动了攻打南唐的战争。强弩之末的南唐君臣根本没有抵御的能力，只得将都城金陵拱手相让。李煜及其嫔妃、朝廷重臣一干人等都被带到一艘船上，押往北宋都城汴京（今河南开封）。李煜君臣的亡国惨剧就此上演。

金陵城被占领的那一天，浓重的乌云

笼罩着宫殿，层峦叠嶂的群山，沉甸甸地映照在这座城市的上空。国无君、殿无主成了南唐此时的写照。远处的秦淮河岸，寒风呼啸，江边泛起肆虐的波涛，好似那即将来临的兵勇，汹涌地拍打着江边的岩石，激起阵阵的浪花，波涛贪婪地侵蚀着江岸上的泥沙；又好似要将南唐君臣子民吞噬在茫茫的江水之中，不留一点痕迹。此刻的李煜站立在船头，他的身份已不再是南唐国主，而是宋主的阶下囚。往日的风光不再，威严全无，锦衣玉冠代之以素面衣衫，他怅然若失地凝视着这座在纷纷雨雪中渐渐隐去的六朝古都，十几年的帝王生活将他与这座城市紧紧地连在一起。但如今，人去楼空，江山不在，臣民何以为家？身为君主的他悲怆地看着眼前发生的一切，却无力挽回，只能将自己的灵魂安置于了词章之中。

他望了一眼这座他曾经"虎踞龙盘"的城市，那昔日的琼楼玉宇只化作今日的辛酸之泪。回首自己为君十余年，不仅令先帝的英明扫地，还使朝政混乱，天怒

民怨。他终于感到昔日那缠绵悱恻的宫廷仙境只是他暂时的苟且偷生，他曾妄想置身于世外桃源之中，但现实无情，身为无能的国君，他难逃亡国的命运。此时此刻，他已成为宋主的阶下囚。他深知此去凶多吉少，恐怕此时此刻便是自己与这座城池的诀别之时。诗仙李白笔下的"孤帆远影碧空尽，唯见长江天际流"是歌咏友情的名句，但用在此时的李煜身上却

也恰当无比。那滚滚东逝的长江水，流尽了李煜的帝王岁月，流尽了南唐君臣最后的气数，只留下降幡一片，消逝于水天之际。

历史总是惊人的相似，此情此景在大约七百年前的三国时也曾经上演，只不过剧中的主人公不是南唐后主李煜，而是曾被辛弃疾盛赞的孙权的后人（辛弃疾的《南乡子》中写道："天下英雄谁敌手，曹刘？生子当如孙仲谋。"而制造这场变故的则是刚刚篡夺了曹魏政权的晋武帝司马炎。为此，晚唐诗人刘禹锡还曾经赋诗一首《西塞山怀古》：

王浚楼船下益州，金陵王气黯然收。

千寻铁锁沉江底，一片降幡出石头。

人世几回伤往事，山形依旧枕寒流。

今逢四海为家日，故垒萧萧芦荻秋。

望着那滚滚而逝的长江水，李煜绝望地感到：与他一起成长的南唐，与他荣辱与共的金陵，这个他人生和事业的起点，如今就要和自己永别了，想到这儿，他百感交集，一字一泪地吟咏出了流传千古的《破阵子》：

四十年来家国，三千里地山河，凤阁龙楼连霄汉，玉树琼枝作烟萝。几曾识干戈。一旦归为臣虏，沈腰潘鬓销磨。最是仓皇辞庙日，教坊犹奏离别歌，垂泪对宫娥！

就这样，南唐后主李煜被宋太祖赵匡胤俘虏，成了中国历史上又一位具有君主和"阶下囚"双重身份的皇帝。那曾经辉煌无尽的石头城也成了他梦中的一座城，属于他的所有回忆都随着南唐王朝的灭亡而烟消云散。

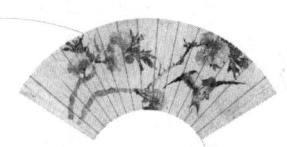

三、亡国之痛日日悲，铁窗噙泪夜夜垂

李煜降宋后，被带到了北宋都城汴京（今河南省开封市），赵匡胤赐他为"违命侯"，小周后则被封为郑国夫人。明为封侯，实则软禁，李煜的帝王生涯彻底结束了，从此他开始了长达三年的囚徒生涯。

降宋之后，李煜终日以泪洗面，过着屈辱而又悲惨的生活。赵匡胤为他建造了府邸，名义上他是"违命侯"，实际上

他成了一只被囚禁在金丝笼中的鸟儿，完全失去了行动自由。他终日蜗居小楼，不问世事。他所居住的府第墙高院深，插翅难飞。这对习惯了发号施令的李煜来说，无疑是从天堂跌入了地狱，他怎能承受如此巨大的落差？生活的孤寂、黯淡、恐惧、失望，令他肝肠寸断、痛不欲生。

他唯一可以宣泄的方式就是饮酒填词，此时此地的李煜对填词以外的一切

都失去了希望，他创作词的主题也由先前的宫廷艳词转为亡国之歌。李煜用血泪写出了国破家亡的不幸。只可惜亡国后的他不能冷静地面对现实、及时自省，而是将自己的痛苦归结为人生无常。他泛化了自己所经历的惨痛遭遇，从而获得了一种广泛的形态与意义，给予宇宙和人生悲剧性的思考和审视，因此他的词往往充溢着消极的哀婉之气，但这并没有使他的作品内容空洞。王国维在《人间词话》中说："词至后主而眼界始大，感慨遂深，遂变伶工之词而为士大夫之词。"李煜正是以其纯真、感性、真我的和思想性格，体会到了"人生长恨""往事成空"那种深刻而又广泛的人世之悲，所以其言情的深广才得以超越其他南唐词人。

春天是万物复苏的季节，但此时的李煜已无心观赏这春日的美景。和煦的春风可以一夜之间将神州大地遍染，却无法复苏李煜枯萎的心灵。相反，春天赐予

大自然的一切希望和美丽，更勾起了他的伤感，使他再度想起当年在金陵时的美好生活。每当春天到来时，宫内外一片和谐，万人簇拥，红颜知己相伴左右，那真是热情如火的春夜！而如今的春日却是萧索凄凉，可谓"物是人非事事休，欲语泪先流"。李煜独自一人在这春意盎然的开封城闭目遥想、回首往事，痛感江山易主，唯有那山中的青竹在春风的抚慰下发出与昨日一样的清脆声响。

入夜，虽然他可以像从前一样传唤宫娥演奏舞乐，但笙歌美酒和明烛暗香怎能排遣他的痛苦？他也只能"垂泪对宫娥"。年届四十岁的他已是两鬓微霜，只能用词句来排遣自己心中的愁苦和忧郁，比如这首《虞美人》：

　　风回小院庭芜绿，柳眼春相续。凭阑半日独无言，依旧竹声新月似当年。笙歌未散尊前在，池面冰初解。烛明香暗画堂深，满鬓清霜残雪思难任。

　　这是李煜在归降后的春日写的一首好词，另有一首《乌夜啼》也是其伤春之作：

林花谢了春红，太匆匆。无奈朝来寒雨晚来风。

胭脂泪，相留醉，几时重？自是人生长恨水长东！

李煜从林花凋谢、春去匆匆想到自己的身世沉浮、命运多舛。感伤年华骤逝，人生短促。满腔的悲愤和怨恨如长江之水一发而不可收拾，于是这首《乌夜啼》喷薄而出，气势如虹，和之后的《虞美人》一样，都可称得上中国词学史上的力作。后世著名词作家辛弃疾有词云：

更能消、几番风雨，匆匆春又归去。惜春长怕花开早，何况落红无数！春且住。见说道，天涯芳草无归路。怨春不语。算只有殷勤，画檐蛛网，尽日惹飞絮。

春天是令李煜伤心的季节，但秋天的残败更让李煜悲天悯人。公元976年，宋太祖赵匡胤突然离世，他的弟弟赵光义继承了皇位，史称宋太宗。相传宋太宗赵光义觊觎小周后的美貌，多次招她入宫侍寝。秋风乍起，凉意袭人，心爱的妻子受尽屈辱，自己却无力拯救，李煜心如刀割，难以入睡，只能挑灯夜读。读着读着，悲从中来，于是又吟出了一首好词：

深院静，小庭空，断续寒砧断续风。无奈夜长人不寐，数声和月到帘栊。

在那万籁俱寂的秋夜里，心烦意乱的李煜常常是通宵不眠。夜深人静之时，他常常走出卧室，在庭院中赏月。当他看见一轮残月高挂星空，那冰冷的余晖洒

向光秃的梧桐树，在水面投下稀疏的倒影时，李煜的心情愈加阴冷、昏暗。此情此景，又让他联想到了往日繁华的宫廷生活，一丝愁绪又萦绕在他的心间，真是剪不断理还乱，只好听任这般愁情在胸中奔涌。寄人篱下，国亡身虏的李煜终日除了吟诗，便是饮酒。此时的李煜为了忘却尘世间的烦恼，终日狂饮，杯不离手，他幻想能借酒消愁，但现实是残酷的，饮酒只能求得一时的快慰与忘却，最终却只能"抽刀断水水更流，举杯消愁愁更愁"。

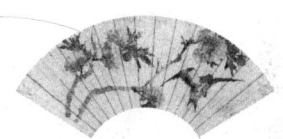

四、泪洒黄泉随风去，
一江春水向东流

（一）后主之死

　　斗转星移，寒来暑往。不知不觉，李煜在开封已经度过了三个年头。历史的车轮无情地转到了北宋太平兴国三年（978年）。就在这一年的春天，李煜在追忆故国的伤痛中，先后填了四首小词，以表达自己对过去生活的怀念和眷恋。这四首小词分别是《望江梅》两首和《望江南》两首：

　　闲梦远，南国正芳春。船上管弦江面绿，满城飞絮滚轻尘。忙煞看花人。

　　　　　　——《望江梅》之一

　　闲梦远，南国正清秋。千里江山寒色远，芦花深处泊孤舟。笛在明月楼。

　　　　　　——《望江梅》之二

　　多少恨，昨夜梦魂中。还似旧时游上苑，车如流水马如龙，花月正春风。

　　　　　　——《望江南》之一

　　多少泪，断脸复横颐。心事莫将和泪说，凤笙休向泪时说，断肠更无疑。

　　　　　　——《望江南》之二

　　公元978年的乞巧节，李煜刚刚年满42岁，他的亡国生涯已达三年之久了。就在这一天晚上，李煜和与他一起归降的后妃们齐聚在他居住的小楼之内。众人本想借乞巧节给李煜祝寿，但每个人都禁不住触景生情、黯然神伤。流落异乡、身为臣虏的人们都失去了往日的光

彩和鲜亮，虽然有佳肴歌舞相伴，但他们的内心却承受着巨大的压抑和痛楚。想当年，金陵一笑秋风面，皇城万马肆意颠。在那气派非凡的石头城，众人何等风光、何等荣耀地围绕在后主的身边，尽享荣华富贵。而今身囚异地，即使欢声笑语，也只是强作欢颜。此情此景怎不叫李煜痛断肝肠？他回想起了自己青年为君时的潇洒，又想起这三年囚徒生活的凄苦，巨大的失落感将他折磨得心力交瘁。他不禁悲从中来，于是吟出了名垂词史的《虞美人》：

春花秋月何时了，往事知多少！小楼昨夜又东风，故国不堪回首月明中。

雕栏玉砌应犹在，只是朱颜改。问君能有几多愁，恰似一江春水向东流。

李煜万万没有想到，这首《虞美人》竟成了他的绝笔。他写完不久，宋太宗赵

光义的耳目就将这首词密报给了他，宋太宗知悉后暴跳如雷。这个心胸狭窄而又嫉贤妒能的雄主，怎能容忍李煜这个亡国之君在此长吁短叹，抒发去国怀乡的情怀？他怎能容忍李煜用这种无言的反抗，来动摇民心？他随即又想到，李煜归降后的一些词作正在大江南北盛传。他强烈地意识到，李煜活在世上，对他、对宋朝都是潜在的威胁，难保南唐臣民他日不卷土重来，到那时他又该如何自处？想到这里，他决计要在乞巧节的当晚除掉李煜，以绝后患。思前想后，他决定采取最残忍的手段来让这位南唐末主永远地臣服于他——那就是让李煜的尸体做

俯首屈身之状。一幕惨绝人寰的悲剧就这样上演了……

赵光义以祝寿为名，派特使赐酒给李煜，此酒名为"牵机妙药"，人服了之后必定头足相就，状似牵机。服下这碗御医特制的毒酒后，迂腐单纯的李煜当即中毒，面色惨白、汗流如注、五内俱痛、全身痉挛……经过数小时的挣扎和呻吟后，风流半世、感伤一生的词人帝王，在

刚刚过完42岁生日后便气绝身亡，结束了他传奇而又悲苦的一生。

李煜死后，赵光义虚情假意地为他操办了隆重的葬礼，并将他厚葬在北邙山上（今河南省洛阳市北）。李煜下葬后，宋太宗又听取了臣下的意见，为李煜作了墓志铭。这个千斤重担落在了李煜生前的好友、南唐旧臣徐铉身上。徐铉作为南唐旧臣，面对旧主被残忍迫害，却敢怒而不敢言，他百感交集，写下了洋洋洒洒的《大宋右千牛卫上将军追封吴王陇西公墓志铭并序》：

盛德百世，善继者所以主其祀；圣人无外，善守者不能固其存。盖运历之所推，亦古今之一贯。其有享蕃锡之宠，保克终之美，殊恩饰壤，懿范流光，传之金石，斯不诬矣。

王讳煜，字重光，陇西人也。昔庭坚赞九德，伯阳恢至道，皇天眷祐，锡祚于唐。祖文宗武，世有显德。载祀三百，龟玉沦胥。宗子维城，蕃衍万国。江淮之地，独奉长安。故我显祖，用膺推戴。耀前烈，载光旧吴。二世承基，克广其业。皇宋将启，玄贶冥符。有周开先，太祖历试，威德所及，寰宇将同。故我旧邦，祗畏天命，贬大号以禀朔，献池图而请吏。故得义动元后，风行域中，恩礼有加，绥怀不世。鲁用天王之礼，自越裳钧，存纪侯之国，曾何足贵。王以世嫡嗣服，以古道驭民。钦若彝伦，率循先志。奉蒸尝，恭色养，必以孝；宾大臣，事耆老，必以礼。居处服御必以节，言动施舍必以仁。至于荷全济之恩，

谨蕃国之度，勤修九贡，府无虚月；祗奉百役，知无不为。十五年间，天眷弥渥。然而果于自信，怠于周防，西邻起衅，南箕构祸。投杼致慈亲之惑，乞火无里媪之辞。始营因垒之师，终后涂山之会。大祖至仁之举，大赉为怀；录勤王之前效，恢焚谤之广度。位以上将，爵为通侯，待遇如初，宠锡斯厚。今上宣猷大麓，敷惠万方，每侍论思，常存开释。及飞天在运，丽泽推恩，擢进上公之封，仍加掌武之秩。侍从亲礼，勉谕优容。方将度越等彝，登崇名数。

呜呼！阅川无舍，景命不融，太平兴国三年秋七月八日，遘疾薨于京师里第，享

年四十有二。皇上抚几兴悼，投瓜轸悲，痛生之不逮。俾殁而加饰，特诏辍朝三日，赠太师，追封吴王，命中使莅葬。凡丧祭所须，皆从官给。及其年冬十月日，葬于河南府某县某乡某里，礼也。夫人郑国夫人周氏，勋旧之族，是生邦媛，肃雍之美，流咏国风。才实女师，言成阃则。子右千牛卫大将军某，襟神俊茂，识度淹通，孝悌自表于天资，才略靡由于师训，日出之学，未易可量。

惟王天骨秀颖，神气清粹，言动有则，容止可观。精究六经，旁综百氏。常以为

周孔之道，不可暂离，经国化民，发号施令，造次于是，始终不渝。酷好文辞，多所述作。一游一豫，必颂宣尼。载笑载言，不忘经义。洞晓音律，精别雅郑；穷先王制作之意，审风俗淳薄之原。为文谕之，以续《乐记》。所著文集三十卷，杂说百篇。味其文，知其道矣。至于弧矢之善，笔札之工，天纵多能，必造精绝。本以恻隐之性，仍好竺乾之教。草木不杀，禽鱼咸遂。赏人之善，常若不及；掩人之过，惟恐其闻。以至法不胜奸，咸不克爱。以厌兵之俗，当用武之世。孔明罕应变之略，不成近功；偃王躬仁义之行，终于亡国。道有所在，复何愧欤？

呜呼哀哉！二室南峙，三川东注，瞻上阳之宫阙，望北邙之灵树，旁寂寂兮回野，下冥冥兮长暮。寄不朽于金石，庶有传于竹素。其铭曰：

天鉴九德，锡我唐祚。绵绵瓜瓞，茫茫商土。裔孙有庆，旧物重睹。开国承家，疆吴跨楚。丧乱孔棘，我恤畴依。圣人既作，我知所归。终日靡俟，先天不违。惟藩

惟辅，永言固之。道或污隆，时有险易。蝇止于棘，虎游于市。明明大君，宽仁以济。嘉尔前哲，释兹后至。亦觐亦见，乃侯乃公。沐浴元泽，徊翔景风。如松之茂，如山之崇。奈何不淑，运极化穷。旧国疏封，新阡启室。人谋之谋，卜云其吉。龙章骥德，兰言玉质。邈尔何往，此焉终毕。俨青盖兮祖，驱素虬兮迟迟。即隧路兮徒返，望君门兮永辞。庶九原之可作，与缑岭兮相期。垂斯文于亿载，将乐石兮无亏。

这篇知人论世的墓志铭，概括了李煜一生的功过，可谓真切公允，又饱含深情，另外，徐铉还写了三首悼亡诗，其中一首已经遗失。今仅存两首。

第一首：

倏忽千龄尽，冥茫万事空。

青松洛阳陌，白草建康宫。

道德遗文在，兴衰自古同。

受恩无补报，反袂泣途穷。

第二首：

土德承余烈，江南广旧恩。

一朝人事变，千古信书存。

哀挽周原道，铭旌郑国门。

此生虽未死，寂寞已消魂。

李煜死于非命之后，小周后失魂落魄、悲不自胜。她整日不思茶饭，忽而木然呆坐，忽而泪流不语，终因经不起这种

愁苦和思念的折磨，于当年饮恨离世。她临终前留下遗愿，誓与李煜同穴共葬于北邙山，实现了二人的爱情誓言。小周后和李煜之间不求同生、但求同死的的爱情，比起唐玄宗和杨贵妃之间的爱情也

毫不逊色。二人用血泪和生命谱写了又一曲催人泪下的"长恨歌",如果爱真的可以在天堂相聚,对有情人来说,何处不是天上人间天堂?

(二)历代学者论李煜

李煜在文学史上的成就和地位,受到了历代学人的关注,有众多学者文人都对他的词风进行了评价。

近代国学大师王国维认为:"温飞卿之词,句秀也;韦端己之词,骨秀也;李重光之词,神秀也。""词至李后主,而眼界

始大，感慨遂深，遂变伶工之词而为士大夫之词。周介存置诸温韦之下，可谓颠倒黑白矣。""词人者，不失其赤子之心者也。故生于深宫之中，长于妇人之手，是后主为人君所短处，亦即为词人所长处。主观之诗人，不必多阅世，阅世愈浅，则性情愈真，李后主是也。……尼采谓一切文字，余爱以血书者，后主之词，真所谓以血书者也。宋道君皇帝《燕山亭》词，亦略似之。然道君不过自道身世之感，后主则俨有释迦、基督担荷人类罪恶之意，其大小固不同矣……唐五代之词，有句而无篇；南宋名家之词，有篇而无句。有篇有句，唯李后主之作及永叔、少游、美成、稼轩数人而已。"

明代著名文学家胡应麟在《诗薮·杂篇》中说："后主目重瞳子，乐府为宋人一代开山。盖温韦虽藻丽，而气颇伤促，意不胜辞。至此君方为当行作家，清便宛转，词家王、孟。"

清代著名词人纳兰性德在《渌水亭杂识》卷四中评价说："花间之词如古玉器，贵重而不适用；宋词适用，而少质重。李后主兼有其美，更饶烟水迷离之致。"

晚清著名词作家陈廷焯在《白雨斋词话》中这样说："后主词思路凄婉，词场本色，不及飞卿之厚，自胜牛松卿辈。余尝谓后主之视飞卿，合而离者也；端己之视飞卿，离而合者也。李后主、晏叔原皆非词中正声，而其词无人不爱，以其情胜也。情不胜而为词，虽雅不韵，何足感人。"

王鹏运在《半塘老人遗稿》中也给予了李煜高度评价："莲峰居士（后主别号）词，超逸绝伦，虚灵在骨。芝兰空谷，未足比其芳华；笙鹤瑶天，讵能方兹清怨？后起之秀，格调气韵之间，或月日至，得十一于千首。若小晏、若徽庙，其殆庶几。断代南流，嗣音阒然，盖间气所钟，以谓词中之帝，当之无愧色矣。"

中国当代词学大师、著名的中国文史学家唐圭璋在《词学论丛》中说："中国讲性灵的文学……在词一方面，第一就要推到李后主了。他的词是直言本事，一往情深；既不像《花间集》的浓艳隐秀，蹙金结绣；也没有什么香草美人、言此意彼的寄托。加之他身为国主，富贵荣华到

了极点；而身经亡国，繁华消歇，不堪回首，悲哀也到了极点。正因为他一人经过这种极端的悲乐，遂使他在文学上的收成，也格外光荣而伟大。在欢乐的词里，我们看见一朵朵美丽之花；在悲哀的词里，我们看见一缕缕的血痕泪痕……后来词人，或刻意音律，或卖弄典故，或堆垛色彩，像后主这样纯任性灵的作品，真是万中无一。"

现代著名古典文学评论家詹安泰在《李璟李煜词》中说："李煜入宋后的作品，无论就思想内容说，就艺术技巧说，都达到了词的最高境界。"又说："他在这时期的作品所表现出来的是：意境大、感慨深、力量充沛，具有非常强大的感染

力。不仅是凄清，而且是悲慨；不仅是沉着，而且是郁结。这成为李煜词最显著的特征，成为李煜词的独创风格如果总合起来看，李煜词的艺术特征还是很显著的，那就是，他能够大胆、真切、毫无掩饰地用直抒胸臆的手法写出具有强烈的感染力的作品。"

当代著名词评家、南开大学教授叶嘉莹在《灵谿谷词说·论李煜词》中赋诗评价他：

悲欢一例付歌吟。乐既沈酣痛亦深。

莫道后先风格异，真情无改是词心。

林花开谢总伤神，风雨无情葬好春。

悟到人生有长恨，血痕杂入泪痕新。

凭栏无限旧江山，叹息东流水不还。

小令能传家国恨，不教词境圈花间。

众多近现代的学者、文人、文艺理论批评家对李煜的词也都给予了很高的评价，可见李煜"千古词帝"之称，当之无愧，实至名归。

（三）"千古词帝"垂千古

子在川上曰："逝者如斯夫，不舍昼夜！"风流多才的南唐后主李煜离开我们已经有一千多年了。好声色、喜浮图、治国无方、国亡身虏的李煜早已随着北邙山上万物的凋零而销

声匿迹，千年的风雨早已将他的尸骨扫荡得不留一点痕迹。李煜当年在政治舞台上扮演的那个无所作为的末代君主形象，只被研究南唐兴亡史的史学家们偶尔提起。

但是，工书画、精音律、醉心诗词、才艺超群的李煜，其艺术生命却依旧年轻。在词坛艺海中，李煜独领风骚的词帝形象，犹如浩渺的天空中一颗灼灼耀眼的明星，以其超越时空的独特魅力，令世人瞩目。李煜以其独特的内心感受、超凡脱俗的想象力和创造力书写了南唐词史上一页华彩的词章。街头巷尾、宫墙内外、文人雅士无不为他的才情所倾倒，因他的执著而动容。人们之所以如此缅怀这位"千古词帝"，酷爱他的"神秀"词篇，是因为李煜无论身处何地，都怀有一颗"赤子之心"，写景抒情，真挚感人。坎坷曲折的命运时而把他被推到风口浪尖，时而又抛入万丈深渊，但他却坚持一生与词相伴，至死不改一腔至情至性。无论是春风得意、前呼后拥，还是痛心疾首、冷落门庭，他都呕心沥血、苦心孤诣地将自己的全部感情都倾注到诗词的创作当中。

晚唐五代以来，词多写男女情爱。虽然温庭筠、韦庄等人开启了用词叙写个人身世之感的风气，但境界终显狭小。而李煜的词则真切而毫无掩饰地直抒亡国的哀痛和人生的不幸，使词的意境更为博大深沉。

提到"温韦"，就要提到"花间词"，

因为温庭筠、韦庄是花间
词派的代表人物。长久以
来，很多人都将李煜误认为是
花间词人，他们的理由是李煜在亡
国前创作了大量花前月下、情意绵绵的词
作。甚至有些大师在评价花间词时，常常
拉上李煜，他们一致认为李煜赶上了花
间词派的末班车，并对此大书特书。

这样笼统地将李煜定位为花间词人
是十分不公正的。花间词派固然是中国
词学史上一个非常重要的创作流派，其
代表人物温庭筠、韦庄等人写出了很多凄
美的词篇，不仅在艺术上具有很高的成
就，在语言韵律等方面也较前代有所突
破。但花间词所抒写的内容多是风花雪
月、男欢女爱，词风婉媚、轻艳、虚幻，这
也是由晚唐的社会情态决定的——皇帝
无所作为，中央集权制度江河日下，政治
低迷导致文化低迷，人们普遍缺乏进取
心，安于享乐。在这种社会大气候的影响

下，花间词风的形式是一种必然。花间词作为词的早期形式，虽然在文学史上也多有提及，但它的内容还是沉溺于男欢女爱、儿女情长，所以一直不被词评家看好。多数人认为花间词风有损封建正统，更不利于人的精神健康。所以，花间词一直难登大雅之堂。温韦等人虽敢于揭露社会现实，抨击政治黑暗，但终因时代的限制和个人的眼界，没有将这种批判进行到底。可见，花间词的审美倾向意在追寻男女情爱之美，多是一种虚幻的概念，显然和李煜的词风大相径庭。的确，李煜

早期作品中有一些涉及到浓脂艳粉、男欢女爱的内容，但这种陈述并非李煜想象中的虚幻境界，而是李煜所经历的真情实感。可见，李煜词与花间词无论从内容看，还是从形式看，都有很大区别，具体表现在：

首先，他改变了晚唐五代以来"花间词"人习惯于只通过以妇女的不幸来抒发情感的手法，而将他自己作为悲剧的主人公，直接倾诉自己的哀怨。这就使词改变了花间月下吟唱的传统，成为词人们可以多方面言怀述志的新诗体，这对后来豪放派词家的艺术创作产生了巨大的影响。

其次，李煜用白描的手法来再现他的生活场景，这些生活场景多是非常真实的，如"小楼昨夜又东风，故国不堪回首明月中"，"梦里不知身是客，一晌贪欢"……这些描写构成了画笔无法触及的意境，写出了他在国破家亡后的真实感受。

再次，他还善于用贴切的比喻将抽象的感情形象化，如《虞美人》中"恰似一江春水向东流"一句就充满了情感的流动性。李煜的词语言明净、清澈、优美、易懂，令人回味无穷。

叶嘉莹教授曾说："不管李煜前期的作品是否有绮丽淫靡之倾向，但李煜终其一生是一位怀有真性情的词人，他所向往的生活是他内心真实的渴望，他所抒写的词篇是他最真实的体验。他性痴、性真，达到忘我的状态，这种执著的天性，古今无人能及。作为一代帝王，他本可以尽享人间富贵，但他在享受之余，却总不忘记将自己的所爱所恨真实地记录下来，这是古今任何一位帝王都不曾达到的一种境界。"

可见，真、纯是李煜人格的坐标，更是李煜词作的灵魂。李煜的这种真性情与花间词风并不完全相符。不但如此，李

煜在亡国之后，还写出了一篇篇饱含血泪的词作，这些词作体现了李煜的眼界之宽、感慨之深，也正是因为这些词作，才造就了他"千古词帝"的美名。我们只能说李煜前期的作品有"花间词"的味道，但不能因此就将李煜划入花间词派的阵营，他之所以被誉为"千古词帝"，也不是因为他前期创作的情意绵绵的儿女情长之作，而是由于他亡国后创作的感慨深邃之篇。所以我们不应该将他定性为花间词人。李煜已经彻底摆脱了花间词风的羁绊，走出了一条清明之路。

中国历史上最伟大的史学家、《史记》的作者司马迁曾立志要"发愤著书"，唐宋散文八大家之一的韩愈曾说"不平则鸣"，欧阳修又云"穷而后工"……这些人说的都是一个道理：人越是身处逆境，创作才情就越容易被激发，愤怒反而能创作出绝好的文章来。冷酷的现实对作家打击得越重，越能激起

他们思想的火花，越能激扬他们灵魂的升华。李煜词风的渐趋成熟，也正好说明了这一点。未沦为亡国奴时，他流连于琼楼玉宇，沉湎于宫廷的奢华生活，他的词多是吟咏香艳软媚之作，继续徘徊于晚唐花间词人的温言细语之间，满眼的风花雪月，柔情似水。但当他经历了国破家亡的变故，这种"高岸为谷"的恐惧感，便燃起了他胸中悲愤抑郁的火焰。大有"弃我去者，昨日之日不可留，乱我心者，今日之日多烦忧"（李白《宣州谢朓楼饯别校书叔云》）之感。这种令他辗转反侧的烦忧之感，最终令他融血泪于词章，直面人生。鲁迅曾说过："真的猛士，敢于直面惨淡的人生，敢于正视淋漓的鲜血……不在沉默中爆发，就在沉默中灭亡。"（《记念刘和珍君》）李煜恰恰是在这种沉默中爆发了，亡国后的他，写词的范围不再是儿女情长的缠绵，而代之以国破家亡的惨烈。这种爆发最终让他惨死在宋主的淫威之下，但他却开辟了雄奇深邃的词风新境界，为中国词学发展树立了一座不朽的丰碑。

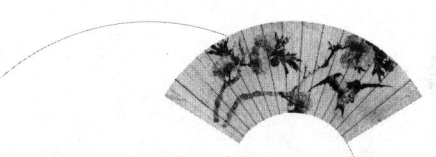

五、南唐钟声犹在耳，
后主词风天地宽

　　明朝人曾将李璟和李煜的词作收
录在《南唐二主词》中，其中收录李煜词
三十三首。近代国学大师王国维又辑补了
十余首。但无论是原本或是补本，都杂
有他人之作。这些历史遗留问题很难解
决。目前，被学术界确认的李煜词不过
三十七首左右，这里只介绍部分没有争
议的作品。

清平乐

别来春半，触目愁肠断【1】。砌下落梅如雪乱，拂了一身还满【2】。

雁来音信无凭【3】，路遥归梦难成。离恨恰如春草，更行更远还生【4】。

【1】愁，又作"柔"。

【2】还，读"huán"。

【3】此句使用了典故，在《汉书·苏武传》中有云："天子射上林中，得雁，说有系帛书。"传说汉朝大将苏武在一次出使匈奴的行程中被扣留，匈奴一直希望能劝降苏武，令其归顺匈奴，因为此前已经有过劝降李陵（李广之孙，司马迁之友）的先例。但苏武却对汉朝忠心耿耿，不管匈奴如何威逼

利诱，他都不为所动，一直拒绝投降。独自一人在大漠牧羊长达十九年之久。为了让汉朝了解自己在匈奴的遭遇，他将自己的经历写成书信绑在大雁的身上，再将大雁放飞，渴望汉朝人能看到书信，将他救出。后来，汉朝皇帝终于得到了苏武的书信，被他的忠心所感动，并设法将他救出。从那以后，人们就把大雁比喻成信使。南宋词人李清照的《一剪梅》中有一句："雁字回时，月满西楼"，这里的

"雁"也是书信的意思。

【4】恰，又作"却"。以上两句，用春草漫无边际地滋生比喻惜春的情怀有增无减。

这首词是李煜的惜春之作。古人常常将惜春和悲秋的主题融入到诗词的创作当中，李煜的作品中多是惜春和悲秋的名篇。"别来春半，触目愁肠断"一句，意在说明时光荏苒，春天已过去一半，抬眼望去， 眼前的景致绝美无比，却只能令词人肝肠寸断。接下来"砌下落梅如雪乱"一句，写词人站在花前痴痴怅望，只见落梅无数，如白雪散地一样纷乱，"拂了一身还满"形容落梅纷乱的程度。时光就这样匆匆逝去。词人通过以上两句描述，表达了自己惜春的情感，时光流逝，风华不再，自己无力留住美丽的春景，阶下的落梅无数，预示着春天将去。

"雁来音信无凭"借用苏武被困匈奴的典故来暗示自己被困开封，"路遥归梦难成"一句预示着自己渴望回到故都金陵，但路途遥远，阻碍重重，自己的这个心愿无法达成。"离恨恰如春草，更行更远还生"中的"更行更远还生"与前文中的"拂了一身还满"相呼应，更加深了离恨的程度。全词借"阶下的落梅"和"天涯的春草"表达了词人漫无边际的愁思，并将这种情绪宣泄得淋漓尽致。大有"恰似一江春水向东流"之势。本词感

情深挚动人，景语和情语相融，语言一波三折，绕梁不去。从内容来推断，此词应是作者被俘后写的作品。

望江南

多少恨，昨夜梦魂中，还似旧时游上苑【1】。车如流水马如龙【2】，花月正春风。

【1】苑，古代帝王游玩或打猎的园林，一般都种植很多花草树木，饲养很多猎物以供皇帝玩乐之用。

【2】车如流水马如龙，见《后汉

书·皇后纪》："车如流水，马如游龙。"意思是车马络绎不绝，这里用来描绘梦境中的盛况。

这首词写了李煜追忆帝王生活，无法重温旧梦的悲苦。从全篇看，篇幅短小，寥寥数语，却极尽人事之悲，想当年作者游乐在上苑之中，车水马龙，欢快无比，如沐春风，酣畅淋漓，而今这一切却只能在梦中出现，岂不让人悲痛？此词不是直抒作者对现状的不满，而是以乐景写哀，更衬托出了作者高超的技艺。

子夜歌

人生愁恨何能免，销魂独我情何限【1】。故园梦重归，觉来双泪垂。

高楼谁与上【2】，长记秋晴望。往事已成空，还如一梦中。

【1】销魂，形容作者悲伤过度的样子，何限，无限。

【2】谁与，意为"与谁"。

显然，这首词是李煜亡国后的作品，

抒写了他亡国后的愁苦和离恨，这种离恨足以令他黯然销魂。"故园梦重归，觉来双泪垂"一句表达了李煜归梦难圆的无奈，他只能暗自啜泣流泪。中唐诗人贾岛曾赋诗"两句三年得，一吟双泪流"。李煜也在此处用"双泪垂"来形容自己的苦楚，但是意境更高。"高楼谁与上，长记秋晴望"与辛弃疾的"倩何人，换取红巾翠袖，揾英雄泪"有异曲同工之妙，表达了知音难寻的无奈。"往事已成空，还如一梦中"则表达了李煜对往事如梦的哀叹。

浪淘沙

往事只堪哀，对景难排。秋风庭院藓侵阶。一桁珠帘闲不卷【1】，终日谁来！

金锁已沉埋，壮气蒿莱【2】。晚凉天净月华开【3】。想得玉楼瑶殿影，空照秦淮【4】。

【1】一桁，一挂，一列。杜牧的《十九兄郡楼有宴病不赴》中有诗云："燕子啼垂一桁帘。"珠帘闲不卷，是说无人来访，所以不需卷帘。李清照在《如梦令》中有词云："试问卷帘人，却道海棠依旧。"珠帘在古代是一种装饰物件，此处用珠帘闲不卷来形容无客来访，词人百无聊赖。

【2】金锁，这里指铁锁链。壮气蒿莱，指亡妻告终。壮气即王气，古人常常用迷信的说法来表示一个王朝的气数，将王气说成一种神秘的征兆。前文提过刘禹锡的《西塞山怀古》中有一句"金陵王气黯然收"，其中的"王气"和这里的

"壮气"是同一个意思。蒿莱,是一种野草。这里是将名词用作了动词,即淹没于野草。以上两句是借用了三国时期吴国用铁锁沉江,企图阻隔晋军,可最终仍免不了一败的典故。

【3】天净,形容万里无云,天空晴朗无比。月华,月光。

【4】古人常用玉、瑶、琼来夸赞美好的事物,这里的玉楼瑶殿其实并不是真由玉垒砌的宫殿,实际上还是木石结构的建筑物,这里暗指南唐宫殿。秦淮,指的是秦淮河。此河横跨金陵,也就是现在的江苏省南京市,素来被古代文人所青

睐，杜牧就曾赋诗《泊秦淮》："烟笼寒水月笼沙，夜泊秦淮近酒家，商女不知亡国恨，隔江犹唱后庭花。"

这首词是李煜囚于开封期间所作，创作时间大约是公元977年前后。李煜被囚期间，失去了自由，终日以泪洗面。在这首词中，他追忆了昔日的帝王生活。全词直抒胸臆，上片从往事不堪回首说起，词人被囚府中，不得与外人相见，表达了作者渴望与外界接触，却不能达成心愿的悲慨。下片用典故来说明金陵王气已然不再，昔日的亭台水榭只能孤光自照，一切只能在回忆当中。词中有眼前景物，象征的景物和想象的景物。作者的凄凉之感、亡国之痛，故国之思都蕴含其中，突出表现了作者的亡国之痛和悲秋之思。全词语言练达，艺术成就极高。

虞美人

春花秋月何时了，往事知多少！小楼昨夜又东风，故国不堪回首月明中。

雕栏玉砌应犹在，只是朱颜改。问君能有几多愁，恰似一江春水向东流。

前文提到，这首词是李煜的绝命词，是李煜在自己42岁生日那天的伤心之作。古典文学研究大家俞平伯先生认为，该词是"奇语劈空而下，以传诵久，视若恒言矣"。李煜被囚开封，终日以泪洗面，度日如年，他必然沉痛地感受到春秋之长，花开花落，年复一年，不知这种囚徒的生涯何时才是尽头，只有那无尽的、悲伤的往事涌上心头。故国不堪回首，只有那一轮明月高挂空中。雕栏玉砌还是原来的样子，但只留下"人面不知何

处去，桃花依旧笑春风"的遗憾。李煜扪心自问，有多少哀愁可以重来，那哀愁就像一江春水向东流去，漫无边际，欲罢不能。

这首词真切地表达了李煜作为亡国之君的没落哀愁。作者寄景抒情，寓情于景，造成了回环起伏的层次感。"小楼昨夜又东风"中的"又"字，达到了至境的效果，使全词有章可循。"恰似一江春水向东流"一句则渲染了一种无尽奔放的气氛，浩渺无边，令人遐思无尽。将人的思绪和哀愁比喻成滔滔的江水。这种比喻

大气而生动，体现了李煜胸中的愤懑和哀愁。最后一句"问君能有几多愁，恰似一江春水向东流"也因此成为后市历代传诵的名句。

李煜将自己的亡国之痛和怀国之思都浓缩到了这首词作当中，字字感人肺腑。被俘后的李煜犹如羊入虎口，只能任人宰割，那真是一入侯门深似海，从此后主泪他乡。李煜的痛、李煜的悲就像那春江水一样无言地向东流去，怎不叫人心碎。

本词意境高远，含蕴深刻，在艺术上达到了完美的高度。

虞美人

风回小院庭芜绿，柳眼春相续。凭阑半日独无言，依旧竹声新月似当年。

笙歌未散尊前在，池面冰初解。烛明香暗画堂深。满鬓清霜残雪思难任。

此词开篇两句直接写景，这在李煜众多的词作中是不多见的。小院内已是满眼绿意，春光在眼，无尽连绵。春意盎然美景无限，但词人面对如此美景却无心观赏，而只能凭栏怅惘，默默无语地回忆当年的竹声。笙歌还在，池上冰初解。画堂里烛光当照，词人满鬓白霜思索人生的苦楚与悲凉，前途难当，一片渺茫。

此词句句血泪，词人的悲情溢于言表。悲伤的情绪无法排遣，只能独自依栏，怅然若失。自己正是不惑之年，本该是人生事业的鼎盛期，但如今却沦为阶下之囚，苟且偷生，只能在夜深人静之时长吁短叹，岂不悲哉！

浪淘沙

帘外雨潺潺【1】，春意阑珊，罗衾不耐五更寒【2】。梦里不知身是客，一晌贪欢【3】。

独自莫凭栏，无限江山，别时容易见时难。流水落花春去也，天上人间【4】！

【1】潺潺，这里指雨声。

【2】罗衾，指的是用丝绸作的被子

【3】一晌，一会儿。

【4】流水落花，落花随流水而去。张泌（南唐著名诗人，生卒年不详）在《浣溪沙》中曾赋诗"天上人间何处去，旧欢新梦觉来时"。

这首词是李煜被俘后的作品。上片写雨声阵阵，将词人从欢乐的梦境中惊醒。词人只有在梦境中才能一时忘却亡国之事，但梦境是短暂的，现实却是残酷的。下片写词人凭栏远望，痛感故国难归，江山不在，大好河山已落入宋人之手，恢复故国的前途渺茫，就算想再见故都一面也难如登天。旧日生活有如春天一样，一去不复返。词人的情绪低落到了极点，只能凭空哀叹。"梦里贪欢"是对往日帝王生活的追忆，"别易见难"是对今日囚徒生活的感叹，"流水落花"是对已逝年华的象征。

此词全篇都体现出李煜对往日帝王生活的依恋和他亡国后的悲哀与绝望。

以上介绍的七首词都是李煜亡国后的作品，也代表了李煜词作的最高成就。

李煜的词风震撼千古。他承上

启下，又继往开来；勇于超越，又勇于开拓。他以自己独特的词风开启了两宋词坛的新局面。为此，当代词坛巨匠、著名文学评论家夏承焘在《瞿髯论词绝句·李煜》中有云：

泪泉洗面枉生才，再世重瞳遇可哀。

唤起温韦看境界，风花挥手大江来。

如今，我们缅怀这位"千古词帝"，为的是他那种忠于艺术，生为词宗、死为词魂的精神所打动。时隔千年，当我们翻开书卷诵读他的词作时，脑海中会立刻浮现出那清新俊朗的"词帝"形象。